♪ **NHK出版**
オリジナル楽譜シリーズ

連続テレビ小説
# らんまん*

# 愛の花

JN022902

# 愛の花

あいみょん　作詞／作曲　アベタカヒロ　ピアノ編曲

Vocal & Piano
ボーカル＆ピアノ

4

7

# 愛の花

あいみょん　作詞
　　　　　　作曲
アベタカヒロ　ピアノ編曲

# 愛の花

あいみょん　作詞 作曲

アベタカヒロ　合唱編曲 ピアノ編曲

15

21

メロディー譜

# 愛の花

あいみょん　作詞
　　　　　作曲
アベタカヒロ　採譜

# 愛の花

あいみょん　作詞
　　　　作曲

Original Key：B♭／Capo：3／Play：G

**Intro**　｜G　C　｜D　G　｜C　G/B　｜C/A　D｜

G　　　D　　C　G　C G C　Dsus4
言葉足らずの愛を　愛を貴方へ

G　　D　　　C　G　C　G　　C　D　G　　D
私は決して今を　今を憎んではいない


G　　　　D　　C　G　C　G C　Dsus4
歪んだ雲が空を　空を濁して

G　　D　　C　G　C　G　C　　D　G
私の夢は全て　全て置いてきたの


C　D　　G　　C　D　　Bm　Em7 C/A　　　　D
命ある日々　静かに誰かを　愛した日々


G　C　　D　　G　C　G/B　　C　　　D
空が晴れたら　愛を　愛を伝えて

G C　　D　　　Em7　C　　D　　　G
涙は明日の為　新しい花の種


G　　　D　　　C G　C G C　　Dsus4
恋に焦がれた人は　人は　天の上

G　　　　D　　　C G C G　　C　D G
いつかあの場所で強く　強く手を結び抱いて


C　D　　G　　C　D　Bm Em7　C/A　　　　　D
緑ゆれてる　貴方の声が聴こえた気がする

```
      G C D G C G/B      C       D
空が晴れたら　逢いに　逢いに来て欲しい

      G C D    G      C    D     G
涙は枯れないわ　明日へと繋がる輪
```

Inter | (G)  C | D  G | C  D | G | C  D |
| Em7 Bm7 | C  D | Bm7 Em7 | C/A | Csus4 D | Cadd9 D |

```
        C     D   G   C D   Bm Em7
木漏れ日と笑う　大切な人を

      C/A         D
失う未来なんてこないで？
```

```
      G C Bm     G   C G/B C     D
空が晴れずとも　愛を胸に祈るわ

      G C  D     G
貴方に刺さる雨が

       C  G  C  G  C       D
風になり　夢を呼び　光になるまで
```

```
      G C D G C G/B    C     D
空が晴れたら　愛を　愛を伝えて

      G C D   Em7  C   D    G D
涙は明日の為　新しい花の種
```

```
      G C D G C G/B      C       D
空が晴れたら　逢いに　逢いに来て欲しい

      G C D    G      C    D     G
涙は枯れないわ　明日へと繋がる輪
```

```
     G        C  G        Cadd9 D G
言葉足らずの愛を　愛の花を貴方へ
```

25

# あいみょんさんからのメッセージ

自宅で大切に育てていた蘭（らん）が遂に蕾（つぼみ）をつけて紫色の花を咲かせた頃に、主題歌のお話をいただきました。

1年半以上まったく花が咲かなかったのに見事にシンクロ。爛漫（らんまん）と紫の花が咲きはじめてびっくりしました。

きっと偶然だとは思うんですが、日本の植物学の父、牧野富太郎さんをモデルとしたお話ということもあり、まるで花に祝われてるような、よろしく！ と言われているような、そんな気がしてうれしくなりました。

ただひたすらに愛する力を持つ、そんな主人公や主人公の奥さんと向き合いながら制作した楽曲です。毎朝流れると思うと、これからの朝が緊張します。よろしくお願いします。

## 演奏アドバイス ピアノ編曲・合唱編曲 アベタカヒロ

### 《《《 ボーカル & ピアノ 》》》

ギターの弾き語りが印象的な、あいみょんさんの持ち味たっぷりの1曲です。ピアノ伴奏はそのギターストロークをイメージしながら弾きやすい形にしたもので、ほどよく軽快に演奏してみてください。拍は3つずつのまとまりで2拍子のように感じると良いでしょう。ボーカルパートにときどき置かれた装飾音符は、さりげなく引っ掛ける感じで。[Ending] では落ち着きをもって、特に rall. 以降では、ひとつひとつの言葉にしっかりと気持ちを乗せられるテンポまで落として演奏しましょう。

### 《《《 ピアノ・ソロ 》》》

ギターストロークの雰囲気を心で感じながら軽快に演奏していきましょう。メロディーを立たせることは大事ですが、この曲をより良く表現するためには、本来付いている歌詞を読んで受け取った感情を音に託すような気持ちになって演奏すると良いかもしれません。61小節目では左手でメロディーを受け継ぎつつ右手で間奏を始めるというトリッキーな弾き方をします。音量バランスをしっかりとコントロールしましょう。

### 《《《 女声三部合唱 》》》

基本的な考えとしては「ボーカル&ピアノ」と同じですが、合唱だからとタイミングを揃えることばかりに意識を向けず、爽やかな風がさまざまな角度から吹き込むかのような横の流れを大切に歌ってほしいです。特に「Woo」や「Ah」といった合唱特有のフレーズでは力まず美しく。間奏では休まず、ピアノと全パートが一体となってハーモニーを形成します。一種の聴かせどころとなるような気持ちで書きましたので楽しんでいただけたらうれしいです。

■作詞・作曲　**あいみょん**

兵庫県出身のシンガーソングライター。2016年
11月にシングル「生きていたんだよな」でメジャーデビュー。2018年、5thシングル「マリーゴールド」で紅白歌合戦へ初出場。2019年に
『Billboard 2019年年間 TOP ARTISTS』、『オリコン年間ストリーミングランキング 2019』で1位を記録し"ストリーミングでいちばん聴かれたアーティスト"となった。2022年8月に前作から約2年ぶりの4thフルアルバム「瞳へ落ちるよレコード」をリリース。同年11月には地元である
阪神甲子園球場での弾き語りライブ『AIMYON
弾き語り LIVE 2022 －サーチライト－ in 阪神甲子園球場』を4万5千人の観客を集め開催。2023年4月からは全40公演に及ぶ全国ホールツアーを開催。

公式サイト　https://www.aimyong.net/

■ピアノ・合唱編曲　**アベタカヒロ**

東京藝術大学音楽学部作曲科卒業。第20回かぶらの里童謡祭作曲公募で最優秀賞を受賞。合唱と子どもの歌を主軸に幅広く活動している。主な作品に、「混声（女声）合唱のための 最愛」、「友達の友達」（混合二部合唱）、「晴れた日に」（同声三部合唱）、編曲作品に、森山直太朗「さくら（二〇二〇合唱）」、「花の名前」など。独自の手法による小学校での作曲体験は毎回好評を得ている。一般社団法人日本童謡協会常任理事。

■楽曲配信・CD情報のご案内 ••••••••••••••••••••••••••••••••••••••••••••

### 愛の花
#### あいみょん

unBORDE / Warner Music Japan
●配信中　●シングル CD 6月7日発売
［初回限定盤］
WPCL-13482
定価 ¥1,320円（税抜価格 1,200円）
※初回限定特殊パッケージ仕様／16P ブックレット
［通常盤］
WPCL-13481
定価 ¥1,100円（税抜価格 1,000円）
※スリーブケース仕様／16P ブックレット

■表紙ビジュアル（番組ポスターより）神木隆之介（槙野万太郎役）

■デザイン：オーク
■楽譜浄書：クラフトーン
■協力：NHK ／ NHK エンタープライズ／ワーナーミュージック・ジャパン

NHK出版オリジナル楽譜シリーズ
連続テレビ小説　らんまん

**愛の花**

2023年4月15日　第1刷発行

| | |
| --- | --- |
| 作　　詞 | あいみょん |
| 作　　曲 | |
| 発 行 者 | 土井成紀 |
| 発 行 所 | NHK出版 |
| | 〒150-0042　東京都渋谷区宇田川町10-3 |
| | 電話　0570-009-321（問い合わせ）　0570-000-321（注文） |
| | ホームページ　https://www.nhk-book.co.jp |
| 印　　刷 | 近代美術 |
| 製　　本 | 藤田製本 |

LOVE THE ORIGINAL
楽譜のコピーはやめましょう